Kamran Djahangiri

© **2016 Kamran Djahangiri**
Alle Rechte vorbehalten

Salzgassen

کوچه های نمک

Kamran Djahangiri

Über das Buch

Mitten in der Nacht, in der Einsamkeit der Wüste, einer Welt aus Sand, fand ich, als meine Augen sich an die Dunkelheit gewöhnt hatten, einige verborgene Schätze und eine sprudelnde Quelle, mitten in der Nacht.
Das Schreiben war einer dieser Schätze, das mich seit Jahren begleitet, eine heilende Kraft, die Trost spendet und Hoffnung schenkt. Ich schreibe über das Leben und die Zustände meiner Seele. Ich schreibe über das, wofür ich keinen Namen habe, keinen Begriff oder was ich nicht begreifen kann; ich nähere mich dem Unbekannten, dem Fremden in mir. Was mir fremd erscheint macht mir Angst, im Innen wie auch im Außen. Bei näherer Betrachtung stelle ich fest, dass dieser Fremde der verlorene Sohn ist, den es zu umarmen gilt. Das ist der Reichtum, die Vielfalt des Lebens, die Fülle. Und doch ist es das ein und das selbe Leben, das alle Geschöpfe der Welt beseelt und dass es zu schützen gilt, damit es sich in strahlende Schönheit entfalten kann.
Ich schreibe, das ist meine Reisebericht, Leben als eine Reise. Ich berichte von Innenwelt!

Inhaltsverzeichnis

	Seite
Über das Buch	7
Der Wind nahm mich mit	11
Unwetter	13
Baum	15
Ei der Welt	17
Röntgenaufnahme für die Wunden	19
Verborgene Wunden	21
Höre Schmetterlinge	23
Licht der Welt	25
Das Wort	27
Wörtersee	29
Es war spät	31
Salzgassen	33
Vater	35
Sie trägt dich	37
Ein zartes Kind	39
Wasser Fest	41
Goldener Faden	43
Gott fließt in der Schale	47
Segen	49
Sie öffnet sich	51
Marmor des Meeres	53
Lebensklänge	55
Die Schatten der Zitrorangenbäume	57
Es ist weise	59
Mitten im Gähnen	61
Impressum	61

باد مرا برد

رویا‌ها‌یم از خاک روییدند
گلهای راز و نیاز دل من
و شکفتند
میان دستان کوچک تو

می‌خواستم
همه ترانه‌ها را
در یک کلمه جمع کنم
با قلم باد آنرا برایت
روی ابرها نقش کنم
تا
هرگاه که به خواب می‌روی
مثل نم نم باران بهاری
برایت زمزمه کنم !

Der Wind nahm mich mit

Aus der Erde sprossen meine Träume,
die Blumen der Zwiesprache meines Herzens.
Sie fingen an zu blühen
mitten in Deinen zarten
Händen.

Ich wollte
alle Lieder der Welt
in einem Wort
zusammenpressen
und
auf den Wolken
malen,
mit dem Pinsel des Windes,
um
dieses Wiegenlied
für Dich zu singen,
als Frühlingsregen,
immer
wenn Du einschläfst.

Unwetter

Heftige Regenfälle
Donner und Blitz
in der Dunkelheit meines Zimmers.
Nass stehe ich
im Tumult des Unwetters.
Alles versunken in der Dunkelheit.
Es blitzt einen Augenblick
und ich sehe flüchtig
dein Gesicht vor mir
einen Augenblick
Du lachst mit einem Auge
mit dem anderen weinst Du
und ich erkenne mich
in Dir
in der Dunkelheit der Nacht!

Baum

Ein Baum
in der Mitte
Wurzeln bis in die Tiefe
Verwurzelt sind seine Schritte
und geheimnisvoll seine Bewegungen
Du riechst nach Erde
braune frische Erde
feucht und fruchtbar
Du kommst aus dem Bauch
der Erde.
Ich nenne dich irdisch!

تخم جهان

چه پری داشت
بال آواز های شبا نه

دیروز هستی یک نره
شکفت
و تو هنوز به دیار زمان نرفته بودی

اشک هایم به شور ه زار ها هجرت کرد
باور نمی کنی
من شاهد طلوع خورشید
از زیر ابروا نت بودم

روز هنوز در پیچ و خم جاده ها سر در گم است
و شب تخم جهان را
همچو ماری ، با صبر قورت می دهد

من در ساحل اقیانوسی آنسوی جهان
نشسته ام
در انتظار طلوع تو !

Ei der Welt

Was für Federn besaßen
die nächtlichen Lieder!

Gestern blühte
das Sein eines Keims.
Noch
warst du da,
nicht im Reich der Zeit.
Meine Tränen vergoss ich
in die Salzwüste.
Du glaubst nicht,
ich war Zeuge des Sonnenaufgangs,
unter Deinen Augenbrauen.
Noch
irrt sich der Tag
in die Wegkurven.
Und eine Schlange
schluckt das Ei der Welt,
mit Geduld.

Ich sitze im Jenseits,
am Strand eines Ozeans.
Und warte -
auf Deinen Aufgang!

**Röntgenaufnahme
für die Wunden!**

Rote Flüsse
auf Deiner Haut,
innere Risse,
uralte Narben:
Spuren,
die prägen,
formen!

Rotes Meer,
flammende Wüste,
silberne Berge
und unsichtbare Schichten
im Kern des Winds.

Die Erde dreht sich!
Ich bin am roten Meer
angelangt!

Verborgene Wunde

Verborgene Wunde,
ein Brunnen!

Seelenherz mit abertausenden Faltenspuren,
vernetzt!
Ein dünner Hauch
um Seelenkern,
uralt, die verborgene Wunde!
Ein rotes Meer!
Zarte weiße Blumen sprießen aus der Wunde.
Senden blumige Signale ins All.
Deine Tränen fallen in meine Hände,
verwandeln sich in weiße Tauben.

Verborgene Wunde.
Ein Brunnen
im Zentrum des Seins!

Höre Schmetterlinge

In Ureinsamkeit
betrat ich das Märchenland,
voller Gebirge und
geschwungene Flüsse.
Ich roch die zarte Blume
am Rande der Existenz,
bin berauscht,
entzückt vom Zaubertanz der Schmetterlinge,
höre ihren Flügelschlag,
ihre Tanzschritte,
ihr Lachen,
im Tumult der Gassen.

Mein Rücken brennt
und doch
hebt es mich hoch empor.
Feuer ist leicht!
Mit Flügeln aus Flammen
kreise ich um die Weltkerze,
um das Licht der Welt!

Licht der Welt

Im Meer des Unbewussten
droht das Ertrinken,
überwältigt sein
von der Tiefe des Wassers
von dem Abgrund.

Deine rettenden Hände
aber sind ausgestreckt.
Du holst mich
ins Land des Bewusstseins.
Da leuchtet die Kerze
lodert das Licht
tanzt die Flamme.
Wieder atme ich
atme Licht.

کلمه

آوا ی تو از زمین سر بر می آورد
سبز می شود ، درختی خاموش
و فردا
فتح نی لبک چوبی با د دوره گرد

آه ، دریا در سکوت
موج ها یش را در آغوش می گیرد
و ساحل را نرم و آهسته
با اشک ها یش می شوید .
کلمات در دل دریا سبز می شوند .
فقط سبز
و خورشید لب به تبسم می گشاید
کلمات گر می گیرند

من میهمان هیا هو ی سایه ها ی خو یشم،
سایه ها ی بی دهان .
لیک
در خاک وجود م دانه ها ی آبی با د
گوش ها یشان را تیز کرد ه ا ند!

Das Wort

Deine Stimme blüht aus der Erde,
wird grün -
Ein schweigsamer Baum
und am Morgen
erobert sie die holzige Flöte
des vagabundierenden Winds.

Oh - das Meer umarmt
seine Wogen im Schweigen
und wäscht den Strand
mit seinen Tränen -
unaufhörlich und zart.

Die Wörter grünen im Herzen des Meeres,
nur grünen sie,
und die Sonne lächelt -
und die Wörter lodern auf.

Ich bin Gast meines Schattentumults -
der mundlosen Schatten -
Aber
in der Erde meines Wesens sind
die blauen Samen des Windes ganz Ohr!

Wörtersee

Der alte Fischer
fischt Wörter
aus dem See
und lässt sie wieder los,
gibt sie dem See zurück.
Empfängt und schenkt weiter,
ruhig
geduldig
aufmerksam!

دیر وقت بود

دیر وقت بود
آسمان به تو پیراهنی داده بود
تا تو بر تن کنی
گیسوانت در باد
آمیخته به رنگ شب بود
و چشمانت ستارگانی
که رستگار م کردند

دستانت را در نور شسته بودی
از انگشتانت غنچه ها روییدند
دستی بر شانه ها یم کشیدی
و من توانستم بر فراز شهر پرواز کنم
در شب و باد و آسمان غوطه خوردم
و چشم در چشم ستارگان دوختم

دیر وقت بود
خواب در چشمه ها جاری شد !

Es war spät

Es war spät.
Der Himmel gab Dir ein Hemd,
dass du es anziehst.
Deine Haare vermischten sich im Wind
mit der Farbe der Nacht.
Deine Augen waren Sterne,
die mich segneten.

Deine Hände wuschst du mit Licht.
Aus Deinen Fingern blühten
Knospen.
Du hast mich an den Schultern gefasst:
Ich konnte über die Stadt fliegen.
In der Nacht, in Wind und Himmel schwamm ich
und starrte in Deine Sternenaugen.

Es war spät:
Der Schlaf floss in den Quellen!

کوچه ها ی نمک

پرده از شب بر گیرید !

رهزنآن سوار بر بال
پیکر تراشآن شهر دور
یاد اورن چشمه
جاری در کوچه های نمک
و قطره های مذاب
از گونه های جان
روان در دشت
تا انتها ی کوه پایه تنها

سواران می آیند !
در نیا مشآن رنگین کمان دم صبح

اه ، دشت چه ویرآن است
و زمین این جهان اغشته به خاک
چه رویا یی است !

سواران می آیند !
با بال های اسودگی
و کلاهشآن جام های شراب

نگاه کن
سواران در راهند
با زیبا ترین تبسم جهان خاکی

Salzgassen

Nimmt die Schleier von der Nacht!

Reitende Piraten auf Flügeln,
Bildhauer aus der fernen Stadt,
Rufer der Quelle
und schmelzende Tropfen
fließend in Salzgassen
von den Wangen der Seele
ins Tal,
bis zum Ende des einsamen Berges.

Die Ritter kommen!
In ihren Schwerthüllen tragen sie
den Regenbogen der Morgenröte.
Oh, verwüstet ist das Tal!
Und traumhaft die sandige Erde!

Die Ritter kommen!
Auf den Flügeln der Ruhe
und mit Helmen wie Weinbecher.

Schau!
Die Ritter sind unterwegs!
Mit dem schönsten Lächeln der irdischen Welt!

Vater

Ein kalter Luftzug
nahm die Decke beiseite.
Halb wach, halb schlafend,
stand ich auf.
Ich befand mich in der Vergangenheit,
wo die Zukunft im Jetzt aufblüht,
zwischen Regen und der Kindheit,
nah am Granatapfelbaum,
neben reifen Früchten und Unschuld,
in einer göttlichen Gasse,
im Mittagsschatten.
Ich sah ihn einen Augenblick.
Ich nahm seine Hand.
Im nächsten Augenblick
verschwand er.
Ich hielt immer noch seine Phantomhand,
sie war warm!

Sie trägt dich

Ein Fluss
Ein Boot
Eine Frau,
mit tausend Gesichtern,
umarmt,
liebkost die Welt!

Die große Mutter
durchquert den Fluss.
Ich bin reisefertig,
sitze auf dem Boot,
sehe die Vielfalt der
Gestalten,
im Orange der Flammen!
Sie trägt mich zum anderen Ufer!

Ein zartes Kind,
das Geschenk
unserer Vereinigung.

Ein Kind
aus Buchstaben,
Farben,
Kurven
und Dialektik,
verliebt ins Meer,
mit Leuchttürmen aus Wind.

Ein zartes Kind,
eine Brücke
zwischen mir und Dir!

Wasser Fest

Aus der Spalte der Tür
fließt Licht,
wie einst aus deinen Augen
das Licht floss.
Geduscht habe ich damit
im Badezimmer in
Sommerhitze.
Kühles klares Wasser strömte
auf dem Haupt,
löste Freudenrufe aus
in der Hitze des Sommers!

تار طلایی

گویِ زمین در قلبم می‌گردد
دیروز زمینیان میهمان من بودند
همه در خانه‌هایشان ماندند
رشته تارِی طلایی دستها یشان را بهم بافته بود

امشب
شاخه گلی باد را اسیر سحر جادویی خود خواهد کرد
و زمزمه باد گوش تو را زینت خواهد داد

اه ، گویِ قلبم بر زمین می‌گردد
میدانی
زنبورهای عسل موطن خویش را ترک گفته‌اند
و به دیار فراموشی رفته‌اند
فقط آنگاه که باد می‌وزد
عطر عسل به خانه‌ام راه می‌یابد

هر وقت که باد می‌وزد
من به یاد رشته‌های طلایی کودکیم می‌افتم
امشب
ملکه زنبورها به خوابی شیرین فرو خواهد رفت !

Goldener Faden

In meinem Herzen
dreht sich die Erdkugel.

Gestern
waren die Erdbewohner
meine Gäste.
Sie blieben alle zu Hause.
Ein goldener Faden
wob unsere Hände aneinander.

Heut Nacht,
wird eine Blume den Wind
in ihrem magischen Zauber
gefangen nehmen.
Sein Lied
wird
Dein Ohr schmücken.

Oh, meine Herzkugel
rollt auf die Erde!
Weißt Du?
Die Honigbienen haben ihre Heimat
verlassen,
sie bewohnen das Land der Vergessenheit.

Nur,
wenn der Wind weht,
rieche ich den Honigduft
im Haus.

Immer wenn,
der Wind weht
erinnere ich mich
an den goldenen Faden meiner Kindheit.

Heut Nacht,
träumt
die Bienenkönigin
süß!

Gott fließt in der Schale
in allen Richtungen,
wie das Licht einer Kerze.
Ich mache mich auf,
öffne mich,
bade im Licht.
Er wäscht jede meiner Zellen
vom Irdischen,
vom Staub.
Der Spiegel glänzt.
Am nächsten Tag,
am gleichen Ort,
zur gleichen Zeit,
kommt Er wieder
und klopft an meine Tür.
Ich vermische Zeit und Raum,
gehe durch das Tor,
betrete die Ewigkeit in einem einzigen Augenblick.
Ich löse mich von mir
und tanze auf dem Wasser,
auf dem Fluss des Universums.

Am nächsten Tag
Kehre ich zurück,
ins Gedächtnishaus
unter einem grünen Blatt!

Segen

Sonne
durchdringendes Licht
tief bis in die vergangene Zeit,
wo alles im Keim schlief.

Himmel
wieder Blau.
Wolken, schüchtern und scheu,
weiß zitterndes Reh.

Das Meer
hellblau, dunkelblau,
das seine verborgenen Schätze
ans Ufer spült
und Dir schenkt.

Reichtum
in Fülle und Vielfalt.
Die unsichtbaren Reichtümer:
die nicht Gesehenen,
die nicht Beachteten,
die am Rande Erschienenen,
die Vergessenen!

Sie öffnete sich,
die Lotusblume -
schaute mich an,
lächelte rot grün.

Ich malte einen Baum
auf meinem Gedächtnis
und gab es dem Wind.

Der alte Greis lachte
mit geschlossenem Munde.
Ich vergaß, wer ich war
und sank in den Teich ...

am Morgen
hörte ich Gott,
hörte Seine Schritte
in den Gängen.
Das war wie der Gesang der Tränen
in meinen Augen!

مرمر دریا

غبار خاک بر گلدآن نشسته

دیروز
اندوه غلیظم را به درون شیشه عمر م
دمید م
و به دستها ی آبی دریا سپردم

مرمر دریا چه غبار الوده بود
و تصاویر روز مره بر آن چه عمقی داشت
بوسه ها بر خزه های آبی می سوختند
و من طعم تشنگی را چشیدم

اه ، ای موج های نیلگون
رازم را به قلب دریا ببرید
شاید بر قلب دریا
گلی روید ، غبار الوده !

Marmor des Meeres

Sandstaub liegt auf der Vase.

Gestern
blies ich den trüben Schwermut
in meine Lebensflasche
und gab sie den blauen Meereshänden.

Wie staubig
war der Marmor des Meeres
und wie tief
waren die alltäglichen Bilder des Tages eingegraben.
Die Küsse brannten auf den blauen Algen.
Und ich kostete den Geschmack des Durstes.

Oh, ihr blauen Wellen
tragt mein Geheimnis
zum Herzen des Meeres!
Vielleicht blüht dort
eine staubige Blume!

Lebensklänge

Ich schäle mich,
lege mich in die Schale.
Klangschale,
Klänge der Stille,
mit dem Mund in Form einer Knospe.
Knospe wächst aus meinem Schulterknochen
Knochen nehmen die Klangfarben als Gewand,
als Haut.
Haut auf der Trommel
Grundrhythmus des Seins.
Ich tanze mit Buchstaben,
buchstäblich
mal Tango, mal Samba!
In der Mitte Sonne.
Ein Funken Licht in einer
Walnussschale!

سایه درخت های نا رنج

دو چرخه ا ی داشتم نا مریی
قرن ها پا می زدم
سر بالا یی ها ی سبز را پشت سر گذا شتم
در سرا شیبی دشتها ی نمک قل خوردم .

کنون
برجها ی سو سو زن دریا
چشم جهان شده آند
نغمه ا ی از دور
تلو تلو می خو رد
وساحل را مست می کند
نقشه زمین آبی می شود

من روزی باز خواهم گشت
و تو مرا خو اهی دید
که آنجا
در مرغزار بی پایان روز
زیر سا یه درختها ی نارنج
ا یستا د ه ا م
و
به تو می اندیشم !

Die Schatten der Zitrorangenbäume

Ich hatte ein unsichtbares Fahrrad.
Jahrhunderte bin ich damit gefahren.
Aufwärts legte ich grüne Hügel
zurück,
abwärts rollte ich ins salzige Tal.

Nun
sind die Leuchttürme
das Auge der Welt geworden.

Ein Lied torkelt aus der Ferne
und berauscht den Strand.
Der Plan des Erdballs wird blau.

Ich werde eines Tages zurückkehren
und Du wirst mich sehen,
wie ich dort,
in dem unendlichen Wald des Tages,
im Schatten der Zitrorangenbäume
stehe
und an Dich denke!

Es ist weise,
sehr leise,
sich auf eine Reise
vorzubreiten,
wenn der Himmel rot wird,
die Uhr nach Osten zeigt,
der Wind von Westen weht.

Mein Herz öffnet
eine blaue Tür.
Eine Blume öffnet sich,
ich sehe Dein Lächeln,
das blüht,
wenn es dem Licht begegnet.

Es ist weise,
sehr leise,
sich auf die Reise
zu begeben
und
die Blume am Wegrand
nicht zu pflücken.
Es ist weise,
eine Reise,
ganz leise
…

Mitten im Gähnen
der erwachten Stadt,
in Dämmerung,
erhebt sich ein Baum
voller Sterne
vor mir
mit frohen Farben des Lichts.

Ein Vogel singt leise
aber beständig
sein Herzenslied.

Ein Hauch Seines Atems weht
in die Blätter.
Der Baum leuchtet hell
und die Sterne tun
das Leben kund!

Impressum

Köln 2016
Kamran Djahangiri

Salzgassen
Lyrik

Texte
© Kamran Djahangiri

Redaktion
Annegrete Feckler

Layout
Annegrete Feckler

Herstellung und Verlag
BoD-Books on Demand, Norderstedt
ISBN: 978-3-7412-9559-1

MIX
Papier aus verantwortungsvollen Quellen
Paper from responsible sources
FSC® C105338

FSC
www.fsc.org